家庭和家族文化

陸人龍
劉健宇 著

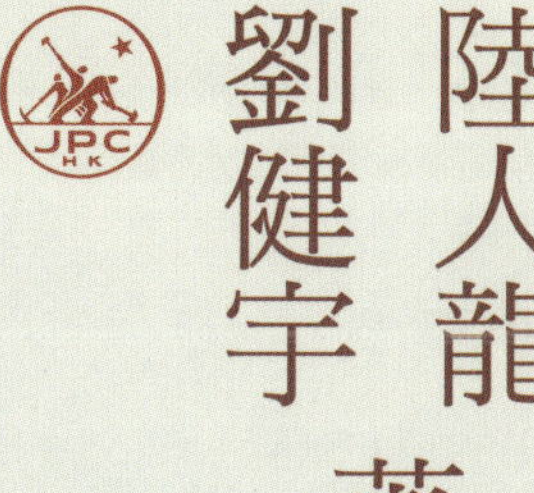

編者的話

這套「認識中國」叢書是為小學生和中學生而寫的輔助讀物。中國是世界最大和最重要的國家之一，亦是唯一擁有五千年輝煌文明的古國，因此，中國人都應該知道和了解自己國家的疆土地理、歷史人文，以至今日的發展概況；而任何人若關心世界和人類的前途，亦都必須認識中國。作為小學和中學生的讀物，我們希望這套叢書在國民教育、通識教育和道德教育等方面，都能有所助益。

這叢書不屬現時學校課程的教科書，其撰寫沒有依從一般學校分科的課程結構，亦試圖打破一般教科書和學術性著述講求主題分明、綱目嚴謹、資料完整的寫作習慣。

叢書從介紹中國的地理山河開始，以歷史的演變為主軸，打通古今，以文化的累積為內容，將各種課題及其相關資料自由組合，以「談天說地」的方式講故事，尤重「概念性」的介紹和論述，希望能使學生對各課題的重要性和意義產生感覺，並主動地追求更多的相關資訊和知識。每冊書的「導讀」和其中每一課開首的引子，都是這種編寫方式的嘗試。

本叢書還盡可能將兒童和青少年可觸及的生活體驗引進各課題的討論中，又盡可能用啟發式的問答以達到更佳的教與學效果，冀能將知識性和趣味性兩者結合起來。

已故錢穆先生於 1939 年中國對日抗戰期間，撰寫《國史大綱》，稱國人應抱著「溫情與敬意」的態度去讀國史，本叢書的編撰亦秉承這一態度，並期望學校的老師們會將這種精神傳播宏揚。

陳萬龍

目錄

導讀

每個人都有「家」，那是每一個人與生俱來的最自然的「身份認同」，家給人溫暖和情感上的歸屬，能享受親情和家人的愛的人都是幸福的。在特別的情況下，一些人沒有了家或家中失「和」，變得很孤獨，那是人生的莫大遺憾。

家也是人類社會的基礎，是族群和國家的基礎。中國文字中「國」和「家」是兩個單元，但國也稱「國家」，其中自有深意；另一方面，我們又會將家放在國之前，有「心懷家國」、「家國情懷」等用句，都凸顯了家和國的關係，認定一個人對兩者的感情是一致和相通的。同一道理，我們又會稱自己的國家為「祖國」，西方人同樣稱自己的國家為 fatherland 或 mother country。

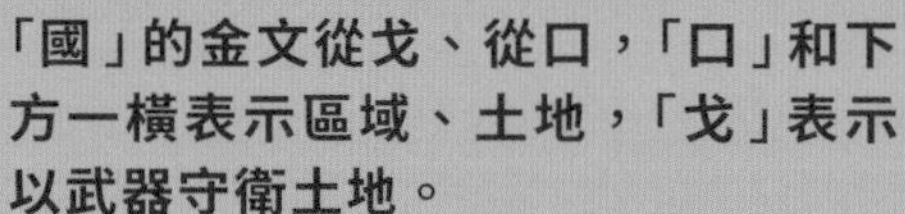

「國」的金文從戈、從口，「口」和下方一橫表示區域、土地，「戈」表示以武器守衛土地。

「家」的甲骨文從「宀」、從「豕」，像公豬的形狀，表示在家中圈養牲畜。

中國人對家和國之間關係的了解，還深受儒家學說的影響，儒家最重要經典之一的《禮記 · 大學》篇，稱一個人的最高修行，是追求「修身、齊家、治國、平天下」，那是很崇高的理想，此中齊家是治國的前提，而齊家的前提是修身。由此可見，家在中國傳統文化和社會中，有非常重要的地位和功能。

中國人的家庭觀念很強，家族文化起源甚早，亦一直持續至今，成為中國 5,000 年「不中斷」文明的重要組成部分。

中國人的家族文化很豐富，其基礎是由古代傳承至今的姓氏文化、尋根文化和鄉土文化，並由此產生同姓、同宗、同鄉的各種觀念與情懷，形成家庭、宗族和鄉親成員間的強大凝聚力，宗親和鄉土文化其實是家族文化的伸延；這些都是世界上其他民族和文明不能比擬的。

中國家族中人與人之間的「倫理」規範亦比較複雜，對中國人的

中國人著重與家人的連結，每逢重要節日都會返「老家」共敘天倫。

清明節時敬拜祖先，也是孝的表現。

道德思想和禮儀行為都有很大的影響，其中的核心觀念是「孝」，孝植根於「情」，從自然的親情和感恩，伸延至家人彼此間的關愛和責任，又將之和其他德行連結起來。外國人也講孝（filial piety），不過沒有中國人思考得這麼詳盡複雜，伸延得這麼遠。

隨著時代的演變，華人傳統思想和行為亦不斷有所調整，但其中的核心觀念和「價值」還是被大家所認同和尊重的。

中國人的家族觀念又產生了相對獨特的婚姻文化，今天雖融合了一些西方的婚姻觀念和儀式，但很多重要的傳統元素依然被重視保留。

我們要認識中國的家族文化，可以從「姓氏」說起。

中華孝道園位於常州武進太湖灣旅遊度假區，是以中華傳統文化精華孝道文化為核心的文化景區。

第1課

姓和名

大多數人都有「姓」和「名」，姓是「家族」的標記，名是「個人」的稱號；因此，「家」的發展和姓有很大的關係，姓也是人類文明發展的重要標誌。

在原始社會，男與女之間沒有固定的伴侶關係，小孩子只能從屬於生育自己的母親，那是「母系社會」的階段。後來，男、女的伴侶關係固定下來，成為「夫妻」，出現了「婚姻」制度和以父親為主要認同的家庭組織，母系社會演變為父系社會。在父系社會中，一般的情況是小孩子出生之後跟隨父姓。但姓在世界各地的不同民族中，出現的時間並不一樣，今日也還有一些民族是有名而無姓的。

現在社會的家庭一般由丈夫、妻子和小孩子組成，小孩子出生後跟隨父姓。

中國的姓名制度出現得最早，有超過 4,000 年歷史，並一直延續下來。在最初的階段，家族的標記還可以分「姓」和「氏」兩種，合稱「姓氏」。到了秦、漢時期，姓和氏的分別逐漸消失。當時的家族制度已很發達，文獻豐富，今日的中國人或華人可以從姓氏的歷史找到自己家族的「根」及源流。本書的第二課和第三課會為大家解說。

中國的少數民族大部分都跟隨漢族的姓氏制度；東亞地區的一些國家也深受影響。

中國人對姓和名都很重視，「起名」是家族的大事。

在這一課，我們談談中國人姓名制度的起源及其特色。

「名」的甲骨文，上方為「夕」，以月形表示月出之時，下方是「嘴巴」，即是天黑時彼此看不見，所以報上自己的名字。

中國最早的姓是甚麼時候出現的呢

人類原始社會的「部落」都以「圖騰」（族徽）分別你我，而圖騰多以動物為記號，中國遠古時的部落和族群除了圖騰之外，還有姓和氏。

在傳說歷史中的炎帝和黃帝都有姓，炎帝姓「姜」，黃帝姓「姬」，那是 4,000 多年前的新石器時代。後來在 2,200 至 3,100 多年前的周朝時代，很多諸侯都源於姬姓或姜姓，此外，還有「姚」、「嬴」、「姒」等，可見一些最古老的姓都源遠流長。相比之下，姓在西方社會只有 1,000 多年的歷史。

我們可以發現，姜、姬、姚、嬴等姓都帶有「女」字，那應該是早期母系社會的遺跡。

當時姓之外又有氏，也是家族性的標記，在夏、商、周（先秦）三代，姓氏制度發展得很快，很多重要的姓氏在周代都出現了。

那時，只有貴族才有姓氏，「百姓」就是指貴族，和後來的含義剛好相反；一般民眾是沒有姓氏的，泛稱「黎民」。

炎帝姓「姜」

黃帝姓「姬」

伏羲姓「風」

甲骨文	金文	篆書	現代寫法
			姬
			姜

氏是甚麼？和姓有甚麼分別？

中華民族先祖的領袖們不單有姓，還同時有氏的稱號，並明顯地和他們的重要「發明」或活動有關係，例如，最早的有「伏羲氏」，我們相信他教人以漁獵畜牧，還有「燧人氏」生火、「有巢氏」建屋、「神農氏」（炎帝）耕作、「軒轅氏」（黃帝）造車；而黃帝又稱「有熊氏」，有熊是地名，相傳是他建都的地方。因此，氏和地域也有關係。

當時的族群領袖會「賜」氏予親貴和功臣。古書《尚書・禹貢》說：「錫之土以建國，命之氏以立宗。」稱為「錫命」，其意思是派遣親屬或功臣到一個地方建立政權，同時賜給「國號」，於是該國的國君及其後代便以地名為國號，又以國號為姓氏。

除了國號和地方外，也有以官職、爵位、先祖諡號（逝世後的稱號）、職業等為氏的稱號，共有 30 多種類別。經歷漫長的演變之後，姓和氏最後融為一體。

姓和氏是如何融為一體的呢

在秦、漢時，姓和氏已沒有甚麼分別，而且一般平民亦多效法貴族自立姓氏，以為家族的標記。自此，「百姓」和黎民混為一體，「黎民百姓」就是平民大眾。

北宋的一位不知名學者，曾編寫了一本《百家姓》，收錄了最重要的漢姓，書名應就是來自「百姓」一詞。

可以介紹《百家姓》嗎

顧名思義，百家姓就是 100 個姓，其實遠不止 100 個。《百家姓》所錄的就有 411 個姓，後來增補到 504 個，其中單姓 445 個，複姓 59 個。

這裡所說的漢姓，其中也包括一些源於少數民族的姓氏，部分的複姓亦源自北方的「胡」族。另一方面，歷代遊牧民族和各地少數民族取漢姓的非常多。

中國的姓其實還遠不止 500 多個，今日已知歷代和各民族姓氏總數有 6,300 多個（更有說多達 8,000 多個），其中有 4,300 多個能從古籍中追溯其源流（見慕容翊《中國古今姓氏辭典》，1985）。

但「百家姓」之說也有其意義，因為根據人口統計，首 100 個「大姓」已佔全國人口的 85% 以上，頭 20 個大姓估計佔近 60%，「十大姓」佔約 45%。

位於河南新鄭黃帝故里景區的中華姓氏牆，鐫刻中華民族 3,000 個姓氏。

「十大姓」是哪十個？

中國的十大姓是：

李　王　張　劉　陳

楊　趙　黃　周　吳

其中姓李和姓王的人數現在都超過一億，而世界上有過億人口的國家只有 15 個。排第十的吳姓人口有 2,500 萬左右，那就等同是歐洲一個中型大國的人口了。

下面是現在人口最多的 100 個姓，大家來看看自己是否在內？

王	李	張	劉	陳	楊	黃	吳	趙	周
徐	孫	馬	朱	胡	林	郭	何	高	羅
鄭	梁	謝	宋	唐	許	鄧	馮	韓	曹
曾	彭	蕭	蔡	潘	田	董	袁	于	余
葉	蔣	杜	蘇	魏	程	呂	丁	沈	任
姚	盧	傅	鍾	姜	崔	譚	廖	范	汪
陸	金	石	戴	賈	韋	夏	邱	方	侯
鄒	熊	孟	秦	白	江	閻	薛	尹	段
雷	黎	史	龍	陶	賀	顧	毛	郝	龔
邵	萬	錢	嚴	賴	覃	洪	武	莫	孔

資料來源：中華伏羲文化研究會華夏姓氏源流研究中心 2013 年的統計

為甚麼中國的大姓有這麼多人口呢

其實中國的大姓都有多個源頭，我們就以首二位的李姓和王姓為

例，說明其情況。

李姓出現於春秋時期，一說是源於官職的賜氏，更早的血緣則可追溯至五帝時期的嬴、姬、姚等姓。另一說法是有族群以「李樹」為圖騰崇拜，故以李為姓。到了三國時期，西南一些少數民族被蜀漢賜以各種漢姓，李是其中之一。南北朝時，北方胡人多取漢姓，李亦是其一。到了唐代，王朝姓李，曾將李姓賜予大批功臣、武將等，包括漢族和非漢族的家庭。自此，李姓血緣高度混雜，最後則全部融入於「漢族」之中。

王姓起於周代，亦有多個源頭，早期多出於姬姓；魏晉之後，亦因賜姓和少數民族採納為姓，其血緣變得複雜，取王姓的包括曾建立金朝的女真貴族，以及蒙古成吉思汗的王族等等。

唐朝開國皇帝李淵的母親獨孤氏和妻子竇氏都有鮮卑血統（圖片來源：維基百科公有領域）

蒙古成吉思汗王族的部分後代取姓王（圖片來源：維基百科公有領域）

在歷史上，接受了漢姓的少數民族大多漢化，成為大漢族的一員，在血緣上難分彼此。

李是全國的大姓，分佈很平均。王姓以北方為多，南方的第一大姓是陳，比李還多。

能說說陳姓的情況嗎 

據稱古代陳姓在血緣上源於帝舜，其中一個分支因居媯河邊，故姓媯，後封國在陳，變為姓陳。在魏晉之後，陳姓同樣吸納了不少其他民族的家庭。

我們由李、王、陳等姓的歷史可知，中華民族的不斷擴大，最重要的是中華文化強大的融和力，漢族並沒有真正「純」的血統。

江西「義門陳」的故事

陳姓是中國南方的第一大姓，很多都源自江西省的義門村。這條村在九江市，發源於唐盛世的公元 731 年，初祖陳旺因官置產開村，之後「一家人」聚居 332 年，同炊共食，歷 15 代，是家族史的奇觀盛事。唐僖宗曾首旌（表彰）「義門陳」，之後又經歷朝旌表。

到宋朝的公元 1062 年，義門陳才開始「分家」，其後裔

繁衍至今達3,000多萬人，近代著名人士如陳寶箴、陳三立、陳獨秀、陳寅恪等皆出其門。

陳寶箴曾為湖南巡撫，積極參與維新運動。

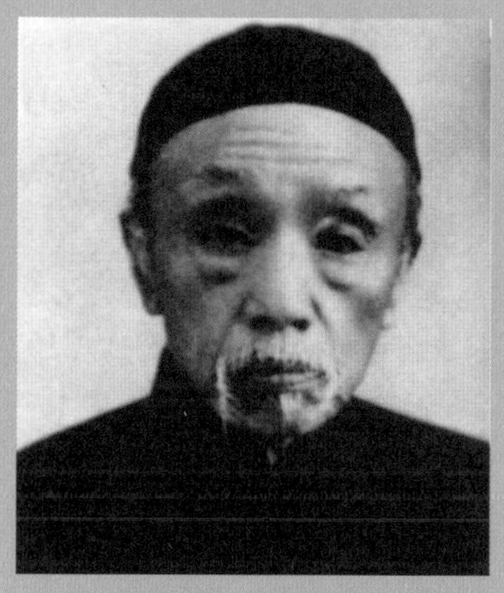

陳三立被譽為中國最後一位傳統詩人，其父為陳寶箴。

陳獨秀是新文化運動的主要開創人和領袖之一

陳寅恪為中國現代歷史學家、古典文學研究家、語言學家，其父為陳三立。

（圖片來源：維基百科公有領域）

能解釋甚麼是複姓嗎

中國漢字的複姓約有 150 個，我們比較熟悉的有司馬（遷、光）、諸葛（亮）、歐陽（修）等，其來源大概有兩種，一是源自官職、封城、職業等，如司馬、司徒、公孫、上官、端木等；另一類是由少數民族的姓改動而來，如慕容、拓跋、宇文、呼延、赫連、獨孤等，大家聽過沒有？

北宋政治家及史學家司馬光，複姓司馬與官職有關。（圖片來源：維基百科公有領域）

清代詞人納蘭性德，滿人，姓納蘭，即那拉的漢字轉寫，位列滿族八大姓之一。（圖片來源：維基百科公有領域）

中國人是怎樣「起名」的

中國人的家庭都會很小心地為新生的嬰兒「起」名字，所起的名字都是有意義的。在過去，一個人一生還可以有多個稱號。

首先是名之外有「字」，就是男、女在成年後有多一個名稱。過去男子 20 歲成年時起字；女子 15 歲已算適婚，出嫁後由夫家起字，未出嫁的女子因此被稱為「待字閨中」。可注意的是，在過去名和字的使用是有分別的，家長呼晚輩以名，朋友只應稱呼其字，這種限制現在已沒有了。

很多人在小時候還有「乳名」、「小名」、「學名」等。長大後，一些男子還會為自己再起「號」，寫文章的又有「筆名」，號和筆名都可以有很多個。

我們以孫中山先生為例，他便有各種各樣的名和號，甚至化名，最後他化名中的「中山」兩字最為大家所熟知。

姓	名	幼名	譜名	字	號	化名
孫	文	帝象	德明	明德	逸仙 / 日新	中山樵

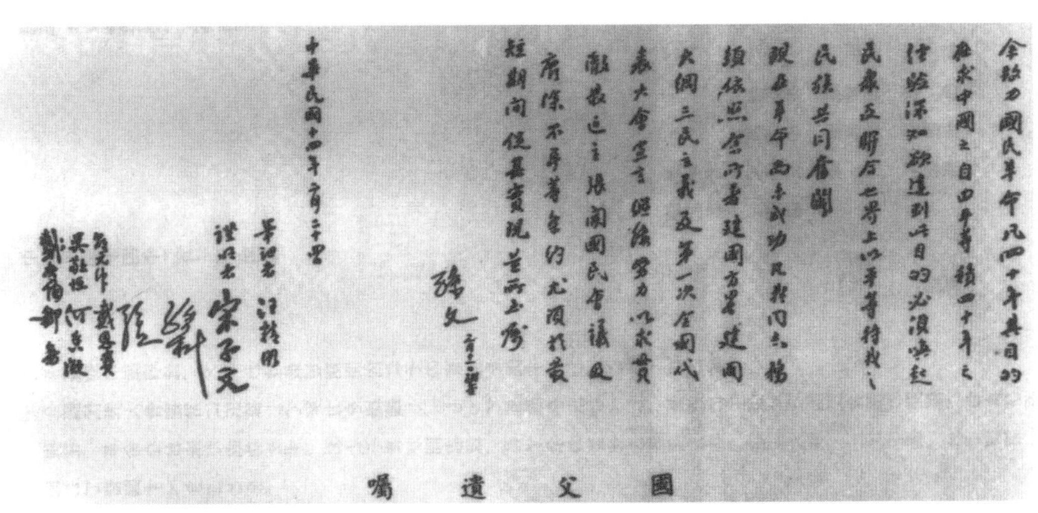

余致力國民革命凡四十年其目的在求中國之自由平等積四十年之經驗深知欲達到此目的必須喚起民眾及聯合世界上以平等待我之民族共同奮鬥

現在革命尚未成功凡我同志務須依照余所著建國方略建國大綱三民主義及第一次全國代表大會宣言繼續努力以求貫徹最近主張開國民會議及廢除不平等條約尤須於最短期間促其實現是所至囑

孫文

中華民國十四年二月二十四日

筆記者 汪精衛

證明者 宋子文

國父遺囑

孫中山遺囑，署名為「孫文」。（圖片來源：維基百科公有領域）

這種起名起號的做法，現在已不流行，但大家對如何為孩子取名，還是很慎重的。

能講述少數民族取漢姓的情況嗎 

少數民族取漢姓可以分為兩大類，這裡先談北方胡人取漢姓，並和原來的漢人融混成為大漢族的情況。

在魏晉南北朝時，北方已有不少匈奴等胡族家庭陸續取漢姓，到鮮卑族的北魏孝文帝統一北方時，在制度、禮法、文化等方面都有很多漢化的舉措，當時鮮卑族本無姓氏，但不同部落各有稱號，孝文帝於是以鮮卑部落名稱的發音改為漢姓，其方法是選取原部落名的某一音節變為漢姓，如丘穆陵氏改為穆姓、賀賴氏改姓賀、尉遲氏改姓尉、步六孤氏改姓陸等。北方當時其他胡族亦紛紛改漢姓，逐漸融入漢族。大家可能不知道，隋、唐的皇室都是漢、胡混血的，很多北方的漢姓家庭，都可能源於胡族。

在宋、元時代，胡族在中國土地上曾建立政權的有遼、金、元和西夏，相關的契丹、女真、蒙古、西夏等族，在落地生根後亦多取漢姓。

此外，1911 年辛亥革命後，一些滿族人曾為了隱藏身份，轉用漢姓，他們通常以其滿姓的第一音節發音或諧音，作為漢姓，如瓜爾佳氏簡化為關；富察氏簡化為富；馬佳氏簡化為馬等；之後，絕大部分的滿族都取了漢姓。

中國西南很多少數民族也取了漢姓，唯其歷史背景不同，改姓的

北魏孝文帝提倡以鮮卑部落名稱的發音改為漢姓（圖片來源：維基百科公有領域）

情況則大同小異。

西南少數民族改漢姓的情況又如何？

今天西南地區絕大多數的少數民族都取了漢姓，或以漢字書寫名字。

以人口最多的廣西壯族為例，其族本來「不辨姓氏，又無名字。所生男女，長幼次第呼之」；在跟中原互動之後，一些部族領袖獲封為王、侯、將等官職，後人即以此為姓，包括「黃」（「王」音譯）、侯（「侯」音譯）、張（「將」音譯）等姓氏。另一情況是，宋朝時，當地有部族起事，被中原軍隊降服之後，宋帝賜姓。一般壯民取漢姓，則多與圖騰和自身文化習俗有關。

又如宋代以前居於湖南武陵地區的土家族人，曾與其他少數民族一起，被侮稱為「蠻人」，如「武陵蠻」、「五溪蠻」等。宋代之後，受中華文化影響，土家族人亦逐漸取漢姓，大姓主要有向、彭、田、覃、譚、冉等。

雲貴的苗族有苗姓和漢姓兩種姓氏，其分支取漢姓會有不同選擇，如「蒙」支系最普遍使用的漢姓有楊、李、熊、馬、陶等；「阿卯」支系的漢姓則有朱、張、潘、陶、吳、龍、安、王、汪等；而每個漢姓後面都有一個與之相對應的苗姓。

曾七次下西洋的鄭和，是生於雲南的少數民族，祖先來自中亞，信奉伊斯蘭教，原姓穆罕默德，漢姓馬，後被明成祖賜姓鄭。

苗族支系	漢姓	苗姓（拼音）	漢字注音
蒙	李	khuat jiet	夸 皆
阿卯	張、安	hmaob ndlwl	卯 婁

這是西南大部分少數民族的情形。中國也有一些少數民族沒有跟從漢族的姓氏制度，主要是藏族和西北信仰伊斯蘭的各民族，兩者之間又有分別。

藏族的姓名制度是怎樣的？

在過去，藏族受母系社會影響，取名時要取母親名字中的一個字作自己名字的一部分，如母親的名字叫「朗・穆穆」，那麼兒子的名字便叫「穆赤」。一些社會地位較高的家族，則會有家族的稱號。初唐時代的松贊干布建立了吐蕃王朝，分封有功之臣以領地和封號，人們便把領地名冠在自己名字之前，其功能等同於姓，以顯示自己是有地位的世家。後來佛教在西藏盛行，人們命名也會滲入佛教元素。

西藏吐蕃統治者、以迎娶唐代文成公主聞名的松贊干布，原名赤松贊，松贊是姓。（圖片來源：維基百科公有領域）

現在藏族一般平民仍不一定有姓，只有名，名多是四個字，如「多吉次旦」、「單增曲扎」等。不過，一些藏族人民也會多取一個漢姓，在四川、青海、甘肅等地尤多。不少漢藏通婚的家庭會給孩子同時取漢名和藏名；因受漢族姓名的影響，還出現漢姓、藏名的名字，如張旺堆、陳貢布等。

信奉伊斯蘭教的民眾又如何呢

新疆人數最多的維吾爾族信仰伊斯蘭教，他們的姓氏是「本名」加上「父名」的形式，如「買買提・吐爾遜」，其中「買買提」是本名，「吐爾遜」是父名，書寫方式是名在前，姓在後。另一方面，從晚清開始，有很多在新式學校讀書的維吾爾族子弟大都取了漢姓名，其中有些成為著名的學者和專家，都是以漢姓名為大家所熟知。

一些其他同樣信奉伊斯蘭教的民眾，有以「馬」、「蒲」、「丁」等為姓。例如，在西北寧夏、甘肅、青海的伊斯蘭「回族」多姓馬。此外，在東南福建泉州地區也有不少回教徒，泉州在宋、元時是中國對外重要港口，元時有大量阿拉伯人居住，這些阿拉伯裔人士在漢化後改取中原姓氏，姓馬（「穆」罕默德）、姓蒲（阿「布」杜拉）或姓丁（阿拉「丁」）的都是，其中部分家庭今日仍保留一些阿拉伯的服飾和禮儀習俗，不難辨認。

中國人的姓氏在其他國家有影響嗎

中國姓氏的影響在朝鮮半島和越南最顯著。

韓國、朝鮮和越南都採用了中國姓名制度，但在古代只有貴族才有「姓」，普通百姓一直只有「氏」或「名」，情況直到進入現代才有所改變。韓國和越南現在不再用漢字，但其實仍是以中國姓氏制度為基礎的。朝鮮和韓國最多的漢姓是金（超過 20%），其次為李，鄭、崔、張、文、孫、全等。越南則姓阮的最多（約 40%），其次有范、陳、胡、吳、李等。

至於日本，從隋、唐時代開始即以漢字書寫名字，但不是跟從漢姓，而是保留了自己的姓名制度，其姓多取雙漢字，如田中、伊藤、池田、山本等。

第2課

我從哪裡來？

中國人的宗族觀念很強，鄉土觀念也很強，喜歡尋「根」。

我們生長的地方，有可能不是父母的「原居地」，更大多不是他們先祖的原居地。那麼，他們的原居地是甚麼呢？「我們」是從哪裡來的？

在 2,000 多年前的漢朝開始，就有很多人研究姓氏和宗族的源流，之後歷朝不斷。我們憑這些資料，可以找到各種姓氏的早期「地域」源流，其中有兩大類。

首先是不同姓氏的「最早」發祥地。其次是各姓氏族人在不同地方設立的「堂號」和「郡望」，例如，姓李的有「李隴西堂」，姓陳的是「陳潁川堂」等。堂號和郡望出現在漢、唐的千多年間，時至今天，其影響仍在，不少家族仍在沿用該等稱號。

不過，今日大家看到這些姓氏發祥地和堂號等資料，大抵都不求甚解，也不大知道其地域所在。另一方面，每個人都有「籍貫」，亦即口語中的「老家」或「鄉下」（廣府人用語），大家都是從籍貫知道自己是從哪裡來的。籍貫是近世中國人和華人「鄉親」和「鄉土」文化的基礎，有很大的社會功能和重要性。

在這一課，讓我們從姓氏發祥地、堂號起源和籍貫三個方面，談談姓氏和地域的關係，最後還談談鄉土文化的特色。

「慎終追遠」牌匾之上有堂號「隴西堂」

哪一個地方是中國姓氏最重要的起源地

今日的河南省是中國姓氏最重要的起源地。

華夏文明發祥於河南一帶的黃河流域，黃河南岸是河南，其西北部是不太高峻的山丘地，有伊水和洛水等河流，山丘地的東面和南面是大片平原地，在遠古的新石器時代，這裡聚居了很多部落和族群。黃河的北岸是山西省，那邊高山較多，主要的宜居地是汾河的河谷地，遠古時也有不少族群居住。

河南又是整個黃河流域大型族群的交集地，根據古史的資料，炎帝、黃帝、蚩尤等大型族群都曾在這地方活動；黃帝、堯、舜，以

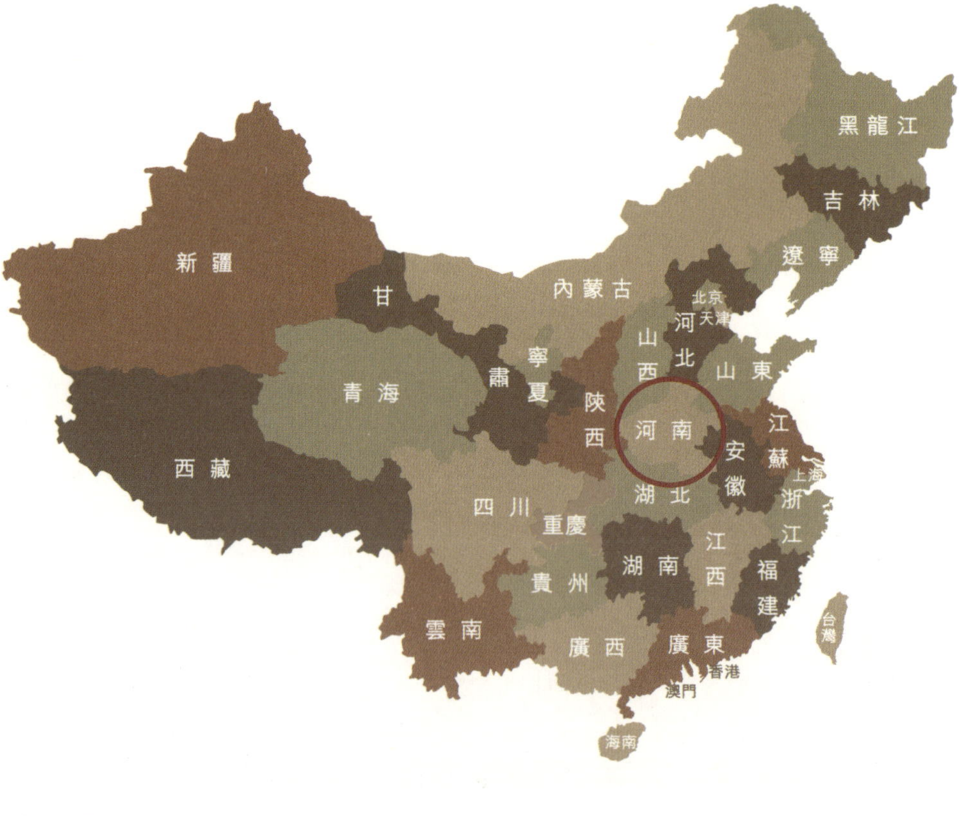

中國省份圖

及夏、商、周王朝都曾在這裡建都。

中國的主要姓氏從河南發祥，和考古及傳說歷史的情況完全吻合。

有甚麼姓氏是從河南起源的呢

據統計，起源於河南的姓氏有 1,834 個。在當今 300 大姓中，根在河南的有 171 個；在人口數量最多的 100 個姓中，35 個起於河南，另 43 個部分源頭在河南；十大姓中，只有楊姓不出於河南。一些南方大姓，如林、鄭等，其根亦在河南。因此，可以說，海內、外華人的根大半在河南。

堂號和郡望是甚麼呢

在中國一些家庭的宅院，若擺設有家族的「牌匾」或祖宗「牌位」，在其上都有可能加上一個堂號，如陳潁川堂、黃江夏堂、林西河堂、李隴西堂、陸餘慶堂等，這就是堂號，其地域分佈很廣，遠遠多於上述的姓氏發祥地，也成為我們「尋根問祖」的另一重要依據。

在秦漢到隋唐間，很多家族開枝散葉，分支遷徙至各地，部分的分支在不同地方形成大族、望族，就會設立堂號，或成為望郡。「郡」是當時行政區域的名稱，堂號則源自地名、典故或祖宗名號等。

同一個地方會有不同的姓氏設立堂號，如李、彭、董等姓都是「隴西堂」（在甘肅），王、溫、霍等都是「太原堂」（在山西），陳、鍾、賴等都是潁川堂（在河南）。現在可考的古老堂號有 80 多個，涵蓋約 270 個姓。

漢、唐之後，各大姓族群有更多分支往各地遷徙，分支又會再設立新的堂號，不過，一般仍會溯源於較古老的堂號，例如姓黃的堂號很多，仍多歸宗於湖北的黃江夏堂，因而有「天下黃姓出江夏」之說。各姓的各種自立堂號加起來，可以萬計。

堂號不單可以在家族的牌匾或牌位中看到，更多的是在墓碑以及祠堂和族譜上使用。（參看第三課）

大家或可以找找自己姓氏的發祥地和堂號，看看自己的祖先早期是從哪裡來的。

山西「太原堂」

我們的籍貫又是如何設定的？

籍貫大概以最近幾百年的家族歷史為「原籍」的標準，沒有固定的規例。例如，香港有很多潮州人，不少已有三、四代以香港為家，大部分在香港出生，但仍是原籍潮州，稱自己是潮州人。這些潮州人當然也是「香港人」。而香港新界的「原居民」則可以寶安為原籍貫。

另一種情形可以上海人為例。在鴉片戰爭之前，上海是一個商業名鎮，在對外通商後，很快變成工商業大城市，吸納了長江三角洲附近很多地區的人士，經過約 100 年之後，這些人士都成為「上海人」，籍貫上海。香港江浙裔的人士很多，他們是原籍江浙的香港人。

籍貫是中國鄉親和鄉土文化的地域基礎，在華人社會和社群中起著很大的作用，有各式各樣的鄉親組織。

能解釋中國人的鄉親文化嗎

鄉親文化主要是在「異鄉」出現的，一個地方如果積累了一批從另一個地方遷移進來的人士，這些人士就會成立「同鄉會」、「商會」、「會館」、「會所」等，以作聯誼，同時又有互相照顧和合作辦事的功能。例如在香港，同鄉會有源自珠三角各縣市的、潮州的、福建的，數量都很多；其他各地規模較大的，有源自長三角的蘇浙同鄉會、上海總會、寧波商會等。香港的同鄉會據統計有 250 多個。

在海外的華人族群，也有很多類型的同鄉組織，尤以東南亞各

東莞同鄉總會由僑居香港、祖籍中國廣東省東莞市的人士創立。該會現在共有 23 個分會和成員會，包括沙田分會。（圖片來源：維基百科公有領域）

地、澳洲、北美洲等地唐人街最常見。而在海外的同鄉組織，絕大部分與香港的同鄉會有聯繫，香港的同鄉會一直扮演著重要的聯繫平台，如香港崇正總會和國際潮團總會香港常設秘書處，分別是全球客屬和潮屬的重要組織。

美國南加州潮州會館

同鄉會是包含不同姓氏的，大家認為，彼此的家族本來都在同一地方生長，都曾經是鄰居，孕育於同一處的山村水土，歷代又可能有姻親關係，所以一句「我們是同鄉（或鄉里）」，也就非常親切，都是「自己人」。

同鄉會組織只是鄉土文化的一部分，中國人還有其他方面的「鄉土情結」。

客家人的香港崇正總會與世界客屬總會

中國南方的客家人很多，主要在江西、福建和廣東三省，近世移居海外的也很多；估計今日全球客家人近7,000 萬，其中廣東 1,500 萬，香港約 100 萬。

香港崇正總會又名崇正會館，創立於 1921 年，是香港歷史最悠久的客家人組織，亦是全球客家最大社團組織；其宗旨是聯絡各地客家人士，考證客家源流，教學育才，發揚志業等。1973 年，由香港崇正總會發起的第二屆「世界客屬懇親大會」於台北市舉行，有全球 67 個客屬團體及 2,400 名代表參加，大會決議設立「世界客屬總會」。

國際潮團總會

潮州人的祖居地為廣東省潮州、汕頭等地區，族裔分佈於香港和海外，共約 5,000 萬人，同鄉組織非常多。國際潮團總會於 1980 年由東南亞眾潮團倡議成立，將秘書處設於香港，宗旨是敦睦鄉誼、弘揚文化、促進工商、服務社會，旗下設有多個組織，涵蓋青年、文化、商務及學術研究等多個範疇。

能進一步解釋甚麼是中國人的鄉土情結嗎 

最能反映這種鄉土情結的是海外華人「落葉歸根」、回鄉祭祖、尋根、回饋家鄉等觀念和活動。

過去中國人有著強烈的落葉歸根的想法，尤以海外的華僑為然，即使大半生都在外工作或生活，死後仍希望能回到出生的故鄉安葬。香港的東華醫院在這一方面曾扮演過非常重要的角色，協助了不少海外華僑歸葬。

東華義莊

東華醫院是今日大家熟知的東華三院前身，成立於 1870 年，1875 年即設立「義莊」，以協助在港逝世的一些人士入殮並暫厝，待內地親人來港安排移送回鄉下葬。海外華人方面，在東華成立前，海外的同鄉組織會安排將遺體運回香港，再由內地慈善機構或鄉鎮組織在香港代表接收。東華成立後，原籍安葬便由東華統籌；有學者估計，在 1870 年代至 1949 年間，有數以十萬計的華僑，經由東華回鄉入土。

東華義莊曾暫托海外華人遺體（圖片來源：東華三院官網）

在海外的華人，若仍與家鄉保持聯繫，會在大時大節回鄉祭祖，除了感恩先輩對家族的付出，亦藉此與親屬維繫感情。一些人士即使和家鄉已沒有聯繫，還是會找機會「回鄉」尋根，包括一些在海外出生的、已經完全歸化外國的人士。

最能凸顯海外華人鄉土之情的是他們回饋家鄉的各種行為。百多年來，絕大部分的出國華僑，都是因為貧窮而出外謀生，他們將辛苦賺來的錢大部分匯回老家，成功置富的會回鄉置產、賑災、救貧、辦學、投資和建設，有的更將這種愛鄉情懷擴展出去，為更多地區以至國家作出貢獻。中國南方的珠三角各縣市、潮汕、廈門、海口等地的「僑鄉」，都是這些回饋活動的見證。

中國人即使是「離鄉別井」，還是會記著和強調自己是從甚麼地方來的。

菲律賓總統阿基諾夫人福建尋根

阿基諾夫人（1933-2009）是菲律賓前總統（1986-1992 任期），祖籍福建漳州市鴻漸村，先祖姓許。她在當選總統前，已計劃到中國尋根，並公開表示：「許多菲律賓人實際上是華人的後裔，我也是其中之一。我對自己具有中國的淵源而感到很自豪，我想，不少菲律賓人也是如此。我很想親自到中國去尋根」。

阿基諾夫人在勝選後，1988 年她到中國國事訪問，其間便帶同兩個女兒及官員，一行十多人到訪鴻漸村，前往許氏家廟拜祖及參觀曾祖父故居，說道：「我到中國既為國事，又有私人原因，因為我既是菲律賓國家元首，在某種意義上說，也是這個村莊的女兒。」

阿基諾夫人具有華人血統（圖片來源：維基百科公有領域）

開平碉樓

廣東珠三角有很多僑鄉建築，其中五邑（台山、開平、恩平、新會、鶴山）的碉樓非常特別，聞名於世。

在晚清民國時代，該地因貧窮之故，盜賊特多。回國的華僑便建築了能防禦匪患的碉樓，前後共 3,000 多座，現存 2,400 多座，其中以開平最多，現存 1,833 座。開平碉樓與村落於 2007 年列為世界文化遺產。

開平碉樓除防禦外，也有中西合璧的特色。

廈門大學與集美學村

集美學村由著名華僑領袖陳嘉庚（1874-1961）傾資創辦，他是福建廈門集美村人，最初協助父親經營在新加坡的米店，後涉足菠蘿罐頭、橡膠、木材等多個行業，最終成為南洋的橡膠大王。

1894 年陳嘉庚回家鄉創辦私塾，自 1913 年更陸續在集美創辦各類學校，包括 1921 年獨資創辦了中國最美的大學校園之一的廈門大學；其一生在集美及閩南各地共捐資興學 70 餘所。今日的集美學村面積達 3,000 餘畝，在校師生逾十萬人，當中紀念陳嘉庚事跡的景點有其故居、紀念館和鰲園（園中放有他的墓）。

由新加坡華僑陳嘉庚捐助創辦的廈門大學，校園內有陳嘉庚像。

第3課

血濃於水　認祖歸宗

中國人或華人尋根，除了從籍貫知道家族近世的地域來源，又會從「自家」的姓氏淵源入手，追尋自己直系祖宗更遠古的歷史。

在第一和第二課，我們知道每一個姓氏都有其淵源，但在悠長的歷史長河中，因賜姓、改姓和各種民族交集，姓氏族群的流變複雜、其脈絡多元難辨。不過，一些家庭保存有「族譜」或「家譜」，清楚地記載著自己的祖宗來歷。

此外，地方還有「祠堂」及「族譜」，記錄和追溯遠祖的傳承。中國人的族譜文化和祠堂文化很發達和獨特，在人類文明史中舉世無雙。

中國人若遷移到異地他鄉，又會組織以姓氏為認同的「宗親會」，跟上一課所述的同鄉會等組織並行。這也是獨一無二的。

在這一課，我們為大家介紹中國人特有的族譜、祠堂和宗親文化。

一家四代的稱謂

中國人是從甚麼時候開始修族譜的？

中國人修撰族譜，始於殷商時的貴族，他們會在武器上刻上自己的家族世系，這一習慣後來發展為較複雜的文字傳統；大抵在西周時，撰寫家族歷史逐漸流行，於是有了族譜，亦稱「譜牒」。

由春秋時開始撰寫的《孔子世家譜》，是歷史上保存得最完整的，也是世界歷史上最悠久的家譜。

譜牒的研究在漢代有重要的發展，撰寫族譜在魏晉南北朝時成為名門大戶的風尚。

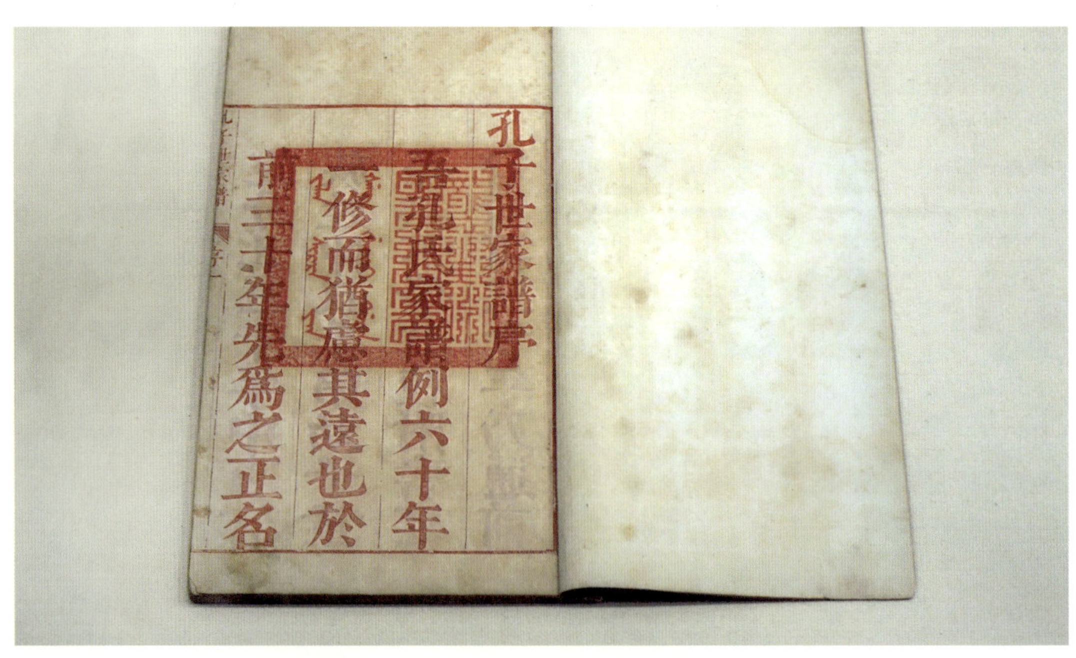

清康熙刻本的《孔子世家譜》，是世界保存最完整的家譜，歷時 2,500 多年未曾中斷。

孔子之後的孔德成

根據孔子的家譜，從他開始至今共 80 代人，在近世，最為大家熟知的是孔德成（1920-2008），他是孔子第 77 代嫡長孫，五歲開始讀書，小時即負責主持孔廟的家祭，十歲起執掌孔府事務，曾主持大修《孔子世家譜》。他後來遷居台灣，曾任台灣大學教授、考試院院長、資政等職；唯最特別的是政府襲封他為第 32 代「衍聖公」，這是「公爵」級的名位，始於北宋，專為孔子嫡系後裔而設；他又兼任孔廟的「大成至聖先師奉祀官」，其兒子和嫡長孫亦都先後繼任為大成至聖先師奉祀官。

孔子第 77 代嫡長孫孔德成（左二）與妻子及其四名子女（圖片來源：維基百科公有領域）

為甚麼魏晉時的名門大戶特別重視族譜的撰寫

當時大家族的「門第」在社會上興起，經濟上有實力龐大的「莊園」。門第重視文教，族中人才輩出，因而政府多從門第中選拔人才任官；於是，這些大家族都熱中和詳細地撰寫族譜、家譜，以便政府訪查，如果家族中人當官者眾，其勢力和影響力便會更大，成為「世家」。

當時政府還會將全國或某郡的士族家譜彙編、選編，稱官修合譜，如東晉賈弼之奉命編修的《十八州士族譜》、梁朝王僧孺的《百家譜》；亦因此之故，譜牒學在繼後的唐、宋時代大放異彩。

唐、宋時譜牒的發展如何？

隋唐時，「人尚譜系之學，家藏譜系之書」，流行私譜修撰，例如著名的書法家顏真卿撰有《顏氏世系譜序》，甚至連宦官也修譜，可見風氣之盛。當時官修譜牒有《氏族志》、《姓氏錄》、《姓族系錄》和《元和姓纂》等；可惜唐末五代的戰亂，使士族的譜牒大量消失。

宋代時，修譜之風復起，明、清時鼎盛，族譜的撰寫變得更加詳細和規範。

明、清時的族譜是如何撰寫的

明、清時撰寫族譜，會詳細記載著全族男子的譜名、名諱、字

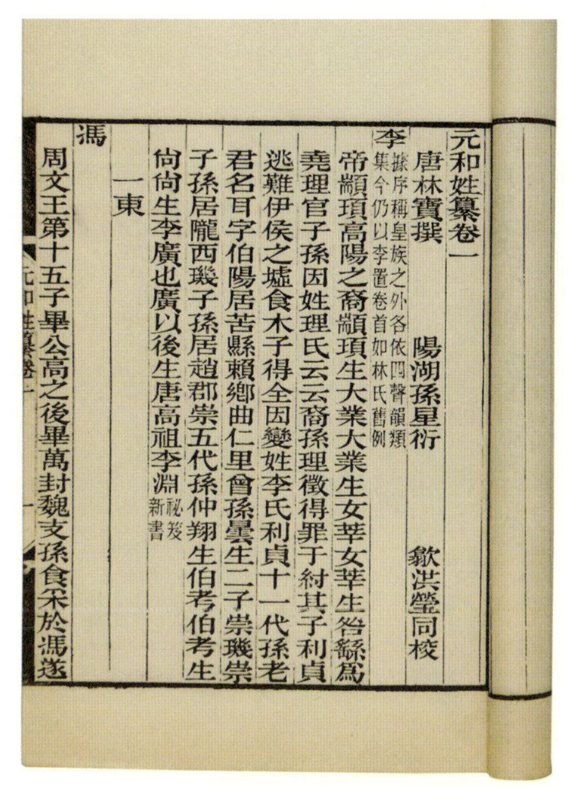
元和姓纂卷一
唐林寶撰　陽湖孫星衍　歙洪瑩同校
李 據序稱皇族之外各依四聲韻類集今仍以李置卷首如林氏舊例
帝顓頊高陽之裔顓頊生大業大業生女華女華生咎繇為
堯理官子孫因姓理氏云云裔孫理徵得罪于紂其子利貞
逃難伊侯之墟食木子得全因變姓李氏利貞十一代孫老
君名耳字伯陽居苦縣賴鄉曲仁里曾孫曇生二子崇璣崇
子孫居隴西璣子孫居趙郡崇五代孫仲翔生伯考伯考生
尚尚生李廣也廣以後生唐高祖李淵 祕笈新書
一東
馮
周文王第十五子畢公高之後畢萬封魏支孫食采於馮遂

唐代姓氏譜牒《元和姓纂》的清光緒刻本（圖片來源：維基百科公有領域）

號、生辰八字、卒年，以至於「諱某字，娶某氏，生幾子，葬某處，壽若干」等。家譜的內容有時也會包括家族的大事、居地產業的變遷以及祖傳的家訓等。不過，族人做了壞事，則不准寫進家譜。

許多家族規定家譜 30 年一修，據說「每十年匯稿，三十年續倍，補刻刷印，附裝譜後」。許多大家族的家譜撰寫流傳達數百年，甚至上千年。

江西撫州市有一條流坑古村，村中主要為董姓，是漢代大儒董仲舒（原籍河北）的後裔，其族譜文化發達，保留多種版本，詳細地紀錄著家族的歷史。

中國修撰族譜的風氣也影響了鄰近的一些國家，朝鮮半島、日

江西撫州市流坑古村，其族譜文化興盛。

本、琉球、越南等地，都有編纂家譜的做法。

祠堂是甚麼？起源於甚麼時候

祠堂起源於古代的「家祠」或「家廟」，亦即一個家族供奉自己祖先的地方。

先秦時，最初只有天子才可立祠，其後諸侯、士大夫也可在家立祠祭祖；到了秦漢，高官也可以立祠，平民百姓們則把祖先的畫像、泥塑像或神主牌位供奉在墓旁，稱為「功德祠」，相等於家祠。

祠堂大盛於近世的宋、元、明、清，有極豐富的祠堂文化。

宋之後的祠堂文化有甚麼特色

到了宋、明時代，社會風氣重視孝道及祭祖，於是發展成各種形

太廟位於北京天安門東側，是明清兩代皇帝祭祀祖先的場所。

式的祠堂。初時有嚴格的等級制度，其中皇家的祠堂稱「太廟」，其他的有宗廟、宗祠、家廟、家祠等。凡以「廟」為稱號的，其祖先必須曾當過皇帝或當過高官。

台灣嘉義蘇周連宗祠，正廳設有「祖德宗功」牌匾。

北京歷代帝王廟，是明清兩代皇帝祭祀三皇五帝和歷代帝王、功臣名將的場所。

明、清以降，祠堂在家族和社區鄰里中有著重要的「社會」功能，同時是地方的重要建築和「地標」。

一些家族遷徙到其他地方，亦會修建祠堂，繼續發揮其祭祖及社會功能。中國的南方如廣東等地，祠堂特別多，香港的新界亦如是，這些祠堂大部分是家族的宗祠。

中國的祠堂因此也記載著很多族群和民族的遷徙歷史。廣東北部南雄市的珠璣巷，自唐宋到明清都是從長江流域南遷移民的必經之道，該地保存有大量的各姓宗族資料，成為今日粵人重要的尋根地，因此廣東地區的很多祠堂，其祖源大多可以從珠璣巷找到。

祠堂亦等同於一種家族的族譜。廣州從化有一個源自明朝的「陸氏廣裕宗祠」，祠中所載的家族歷史非常豐富，若將其中的資料配合各種陸姓譜牒的著述，相關的家族可具體地追溯至漢初宰相陸賈，以至先秦時代。

廣東南雄珠璣巷

南雄珠璣巷，原名敬宗巷，位於廣東省南雄市北，在歷史上是今日「廣府」先民的第一個棲息地。

唐朝丞相張九齡開鑿了由江西進入廣東的梅嶺道，之後珠璣巷成為道上的一個商鎮，又是人民躲避戰亂和遷徙入嶺南地區的中轉站。根據譜牒記載，現在分佈在珠江三角洲地區的大多數廣府人都是原珠璣巷居民的後裔，相關的有 183 姓氏，形成了以粵語為方言的廣府民系，同時也開創了燦爛的廣府文化，有「廣東第一巷」之美譽，其後裔更已分佈於世界各地，估計繁衍有 8,000 多萬人。

廣東南雄珠璣巷，長約 1,500 米，寬 4 米，兩旁為古屋和祠堂。

廣東從化陸氏廣裕宗祠

宗祠位於廣州從化錢崗村，是宋朝末代名相陸秀夫的後人於明朝初年建造的，有 600 多年歷史，表面是祭祀陸秀夫的玄孫陸廣裕，其實是為了祭祀陸秀夫。

祠堂佔地面積約 992 平方米，坐北朝南，建築兼具南北風格，在一般的嶺南建築中罕見，曾經六次大修，每次都有詳盡的記錄，對研究明、清建築十分有幫助，被譽為「明清建築的活標本」。

陸氏廣裕宗祠 2003 年獲得聯合國教科文組織亞太區文物古蹟保護獎傑出項目獎第一名

祠堂是辦宴會的重要場所

祠堂的社會功能是甚麼

祠堂是家族的「祖堂」，除了供奉和祭祀祖先外，亦是議事的地方，用以討論家族大事、執行族規家法等；此外，祠堂亦是家族內舉辦婚、喪、壽、喜等大事的場所，平時則作為子孫讀書的「私塾」。

祠堂一般是一姓一祠，舊時族規甚嚴，族內婦女或未成年孩童不許擅進。

祠堂的建築有甚麼特別呢？

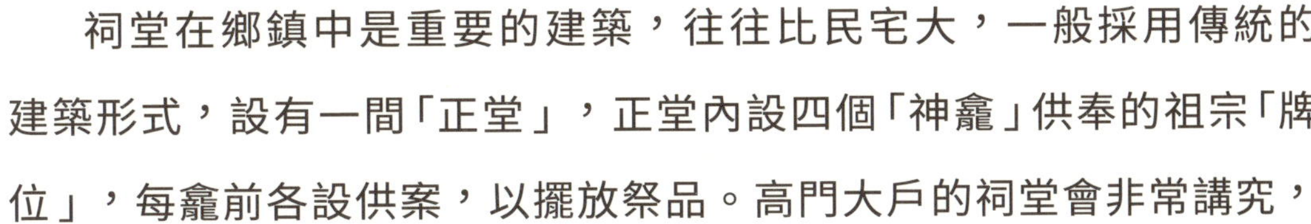

祠堂在鄉鎮中是重要的建築，往往比民宅大，一般採用傳統的建築形式，設有一間「正堂」，正堂內設四個「神龕」供奉的祖宗「牌位」，每龕前各設供案，以擺放祭品。高門大戶的祠堂會非常講究，

除用料上乘，更會有精緻雕飾。

祠堂的正廳大多掛有寫上堂號的金字匾，由書法高手所書；堂號的旁邊會掛有姓氏淵源、族人榮耀等匾額。祠堂內匾額的規格和數量，都是族人顯耀的資本。若祠堂前置有旗杆石，表明族人得過功名。

廣州市有一個陳家祠，是很有名的祠堂建築，大家可以去看看。

廣州市陳家祠

陳姓是中國南方的第一大姓。

位於廣州市中山七路的陳家祠，始建於 1888 年，由曾任翰林院等職的陳伯陶等 48 位陳姓紳士倡議興建，是當時廣東省 72 縣陳姓宗親合資興建的，最初用作廣東各地陳氏子弟來省城（廣州）應科舉考試時的學習及住宿場所，同時是祭祀祖宗的宗祠，供奉的牌位曾有上萬塊之多。

現在的陳家祠是 1981 年重修的，集嶺南歷代建築藝術之大成，包括前院、西院、東院及後院，佔地 15,000 多平方米。其建築深三進，寬五間，由九座廳堂、六個院落、十座廂房和長廊巷組成，建築中心是高達 14.5 米的中進主殿「聚賢堂」。整個建築根據中國古建築形式美的原則，把眾多大小不同的建築物巧妙地組合布局在平面方形的建築空間裡，前後左右，嚴謹對稱，虛實相間，極富層次。長廊、青雲巷使整個建築四通八達，庭院園林點綴其中，形成各自獨立而又相互聯繫的整體。

陳家祠以建築裝飾精緻華麗，佈局對稱嚴謹而被列為「羊城（廣州）八景」之一。

陳家祠現已停止了祭祖功能，改作廣東民間工藝博物館，其收藏、研究、展覽以廣東地區為主，兼及中國各地的民間工藝品。藏品有各式瓷器、陶器、刺繡、剪紙、年畫、貼畫、黎族服飾、玻璃、銅鏡、木雕、石雕、象牙雕刻、玉雕、竹雕、橄欖雕等等。

陳家祠的屋脊基座、山牆垂脊、廊門屋頂上均有灰塑，題材有神話傳說、歷史故事、戲曲人物等，是陳家祠內的一大特色。

香港也有祠堂嗎？

宋、明年間，內地有不少家族遷移到今日的香港地區，他們主要來自江西、福建和廣東，其中以新界五大氏族為代表，分別是錦田鄧氏、新田文氏、上水廖氏、上水侯氏及粉嶺彭氏。五大族中，鄧、文、廖、彭四族都建有祠堂。

錦田鄧氏祖籍江西吉水，北宋初年鄧符協遷入元朗錦田，其後裔繁衍至新界北各地區；鄧氏在五族中來港時間最早，人口、土地亦最多。屏山的鄧氏宗祠是鄧氏的祖祠，至今已有 700 多年的歷史，是香港最大的祠堂之一；前院有砂岩通道，顯示族人中曾身居朝廷要職。2001 年被列為香港法定古蹟。

屏山鄧氏宗祠門前的對聯：「南陽承世澤，東漢啟勳名」，已說明鄧氏先祖來自河南，以及東漢時已有功名。

被列為香港法定古蹟的廖氏宗祠，已有 270 多年歷史，「廖萬石堂」是它的堂號。（圖片來源：維基百科公有領域）

新田文氏祖籍江西吉安，先祖文天瑞為南宋文天祥堂弟，於南宋末年逃避元兵移居東莞，後人再遷入元朗新田。惇裕堂文氏宗祠建於 1444 年。宗祠中廳掛有文天祥畫像，同時供奉七個非文姓保衛家園的烈士神位。1981 年被列為一級歷史建築。

上水廖氏祖籍福建永定，先祖於元末初居屯門，後遷上水。廖萬石堂建於 1751 年，是上水廖族最大的祠堂。1985 年被列為香港法定古蹟。

粉嶺彭氏祖籍江西宜春，先祖於元朝末年移居粉嶺。彭氏宗祠在 1573 年初建於北圍，1846 年遷至北便村，其建築精美。1981 年被列為一級歷史建築。

被列為一級歷史建築的彭氏宗祠，已有近 180 年歷史。（圖片來源：維基百科公有領域）

宗親會等於同姓又同宗嗎？

香港和海外華人社會都有很多宗親會，其成立背景和同鄉會差不多，其中也有同鄉又同宗的「同鄉宗親會」。兩者的功能亦差不多，包括聯誼、互助、研究家族歷史、弘揚家族文化、組織尋根活動等。香港的宗親會約有 100 個，同樣是世界各地宗親會的主要聯繫平台。

同姓其實不一定真正同宗，但中國人認為同姓三分親；因此，一個人在旅行的時候，若見到同姓的祠堂，大抵也會入內拜祭。雖然彼此鄉音不同，大家也會覺得是自家人，至於是否真的有血緣關係，那就不用考究了。

第 4 課

五世其昌 別長幼親疏

有些中國人家中會擺放「五世其昌」的匾額，或將之寫入對聯上，以反映他們對自己家族的祝願。相類似的說法有「五代同堂」，意思是若家族中有五個世代的族人同時健在，那是家族興旺及福氣。

與此相反，在小說和戲劇中，有人因犯法而遭到「株連九族」或「誅九族」的厄運，牽連甚廣。

由此可見，家族在中國人的社會裡是一個以宗族為核心的「關係網」，以夫妻為主體的家庭，只是這個關係網的一小部分。這個網可分三大系，即父系、母系和妻系，有稱之為「三族」。

「五代同堂」是人們對自己家族的祝願

中國的家族文化的一個特色，是家族成員間有複雜的「稱呼」習俗，有些時候要花點時間才弄得清楚。

傳統的宗族文化，還有「長幼有序」的禮儀，有「直系」和「旁枝」，也有「內」和「外」、「正」和「偏」、「親」和「疏」等區別，影響及每一個人的地位、名份、責任和權利。在長幼有序的觀念中，中國人很重視「輩份」，會分清楚「長輩」、「平（同）輩」和「晚（後、卑）輩」，規例很多，即「禮法」。夫妻之間，亦有特別的禮制。

中國的家族禮制亦稱「宗法」制度，起源於西周的「封建」時代，以建立和維持社會秩序，因此一般稱之為「封建宗法」禮制。

在近世，中國人受西方文化的影響，比過去更重視「個人」的權利、責任和「主體性」，認為過去的社會是過於偏重了家族的集體性和「階級性」，那是不需要的，也不一定公平。因此，誅九族等殘酷的刑法早已取消了。不過，中國人還是很重視自己家族的各種事

中國古代道德教育故事「孔融讓梨」，體現了長幼有序的觀念。

情，也保留著很多傳統的家族觀念和習慣。

這一課將簡略介紹中國家族制度的一些基本內容，下一課介紹由此衍生的倫理觀念。

人人都有父母，我們可以從父系和母系兩方面入手，去了解家族制度的基礎。

「父」的甲骨文，象以手（又）持「丨」之形，「丨」為長條形的木棍，應為石斧。古代男子負責生產。

「母」的甲骨文，從「女」從兩點，兩點表示女性哺乳的乳房，象徵母親。

中國人家族中的父系和母系的長輩有甚麼成員

我們先看父和母，以及他們上面的三個世代，即共四代人，這些都是我們的長輩，其中要分清楚祖父和外祖父之上，還有「曾祖」和「高祖」兩級。在日常生活中，我們對這些長輩各有更親切的稱呼，但並不統一，不同的地方或家庭都有不同的習慣，下面所錄的是南方比較普遍的叫法：

父系長輩	（稱呼）	母系長輩	（稱呼）
高祖父	太太爺	外高祖父	太太公
高祖母	太太嫲	外高祖母	太太婆
曾祖父	太爺	外曾祖父	太公
曾祖母	太嫲	外曾祖母	太婆
祖父	爺爺	外祖父	公公
祖母	嫲嫲	外祖母	婆婆
父親	爸爸	母親	媽媽

這裡所列的父系及母系長輩都是我們的直系親人。

這些長輩們都可能有兄弟姐妹，其中關係比較密切的是父母的親兄弟姐妹，他們和父母是平輩，都是我們的長輩，也需要弄清楚他們的「身份」和稱呼。

父、母的兄弟姐妹及表親如何稱呼呢?

其實也不難，一般中國人都懂得分清楚，主要還是分父系和母系兩組。

父系	（配偶）	母系	（配偶）
伯父（兄）	伯娘	舅父（兄、弟）	舅母
叔父（弟）	嬸		
姑媽（姐）	姑丈	姨媽（姐、妹）	姨丈
姑姐（妹）	姑丈		

此外，我們的父、母還可能有一些「表」親，他們各自的平輩親人，我們也可加一個「表」字作為稱呼，如表叔、表姑姐、表姨、表舅父之類。

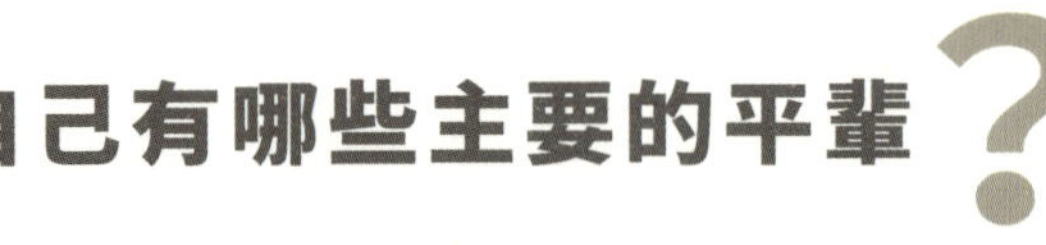

我們自己有哪些主要的平輩?

我們最親的平輩是自己的兄弟姐妹，亦即是直系親人。兄弟的配偶稱「嫂」，姐妹的配偶分別稱「姐夫」和「妹夫」。

我們來往較多的非直系平輩，應該是父、母的兄弟姐妹的子女，也分父系和母系兩組，父系的是同姓，在家族中是同一個「祖堂」，所以會稱「堂兄」等。母系是不同姓，以「表」為稱號。

父系	（配偶）	母系	（配偶）
堂哥	堂嫂	表哥	表嫂
堂弟	堂嬸	表弟	表嬸
堂姐	堂姐夫	表姐	表姐夫
堂妹	堂妹夫	表妹	表妹夫

一家團聚時最能體現家族的長幼有序

西方人的家族稱號

西方社會家族中人的稱號比我國簡單得多，Grandfather 和 grandmother 通用於稱呼祖父母和外祖父母，再上的為「great-grand」。父母的兄弟姐妹和他們的配偶，西方的稱呼只分男的 uncle 和女的 auntie。對平輩全稱 cousin，親疏遠近不分。旁系晚輩則有限制，稱號有男的 nephew 和女的 niece，但只能用於親兄弟姐妹的子女（即我們的「堂」系平輩的子女）。

晚輩分多少代？是否也分直系和旁系兩種？

是的，直系的晚輩是自己的親生子女及其後代，亦分四代如下。

兒子		女兒	
孫	孫女	外孫	外孫女
曾孫	曾孫女	外曾孫	外曾孫女
玄孫	玄孫女	外玄孫	外玄孫女

旁系的分父系的「姪」和母系的「甥」兩類。

父系		母系	
姪	姪女	外甥	外甥女
姪孫	姪孫女	甥孫	甥孫女
曾姪孫	曾姪孫女	曾甥孫	曾甥孫女
玄姪孫	玄姪孫女	玄甥孫	玄甥孫女

內和外怎樣分

大抵以姓為分辨，同姓的屬內，異姓的為外。女性在婚後跟隨夫姓，亦屬於夫家的「族內人」，原來的父母之家變成「外家」。

「親疏有別」是甚麼意思

「親疏有別」在宗族關係上可以自己為中心，直系的上下為最親，旁系為疏，旁系中「堂」是同姓，較異姓的「表」為親，大致如此。親疏在家族的責任和權利上是有分別的，在禮儀上也有所分別，例如「喪禮」的坐位和服飾等。不過，今天這些多已從簡執行了。

在傳統社會，夫妻之間有甚麼特別的禮制

傳統社會允許一夫多妻，因而女眷會有等級的區別，男士的第一個妻子是「元配」，也稱「髮妻」；另外又可分正室（正妻，一般是元

配）、平妻（地位與正室相等）、繼室（正室去世後再娶的正妻）、妾（正室以外的妻子，屬「偏房」）等。

正室所生長子為「嫡子」，其他為「庶子」，習俗中嫡長子有正式的繼承權，不過在實際環境中有很多不同做法。

這些傳統的觀念和制度，今天已有很多變化，但也沒有完全消失。

妻子的親屬也有特別的稱呼，一般加上一個「姻」字，如姻兄等。男士對妻子的父母尊稱外父、外母，或岳父、岳母，他們的地位僅次於自己的父母。

「誅九族」的九族是甚麼？

有兩種說法，最普遍的是被處罰者上推四代至高祖，下推四代至玄孫，連橫推兄弟姐妹一代，共九代人。

第二種說法是父族四，母族三，妻族二，這裡就不詳說了。

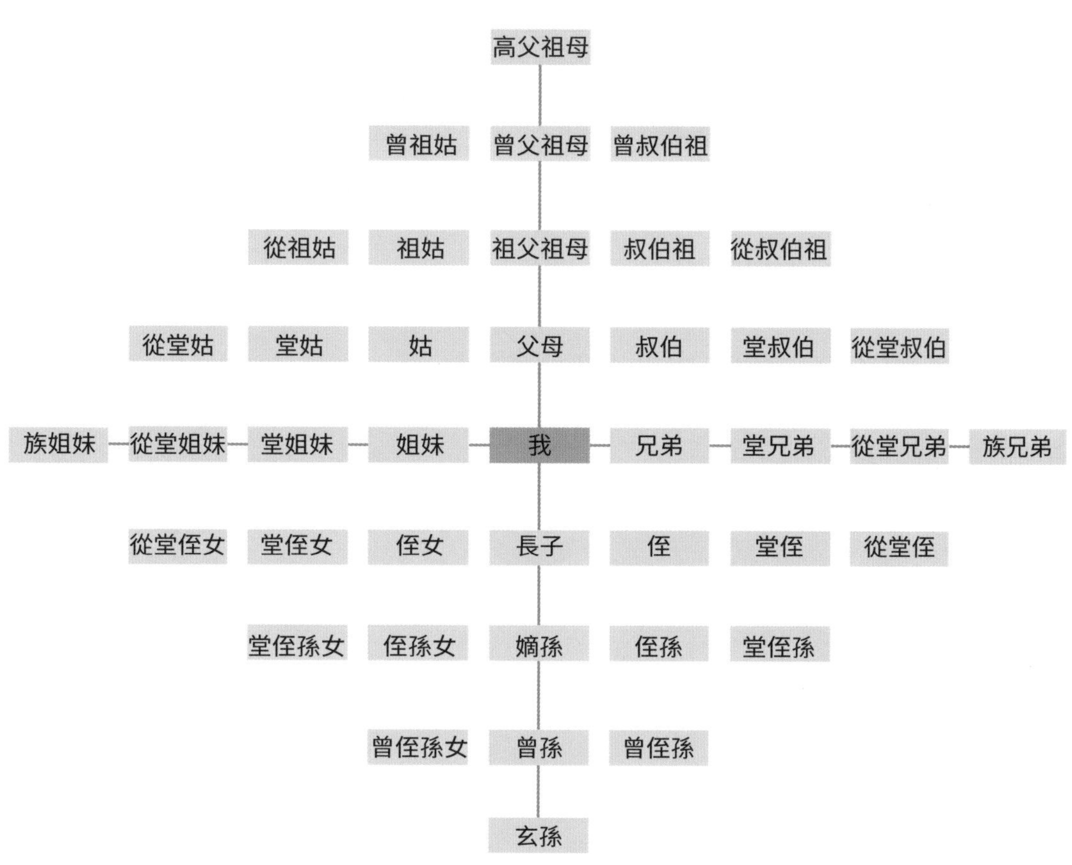

九族表，表現了親屬關係的親疏遠近。

第5課

慈愛恭順 忠孝傳家

中國人常說：「家和萬事興」，「和」是環境和人事的一種狀態：各方面都取得平衡和穩定。但和是如何達致的呢？有因才有果，在家庭中，和是從人與人之間的良好關係開始的，中國人稱之為「倫常」，倫常之「道」是「倫理」，而倫理的基礎是「親情」，每個人都「各盡其份」，即是大家做人做事都依規矩、盡責任，若能做到，和的境界便自然會出現。

大家都知道，「孝」是中國人倫理觀念中的中心思想。孝是甚麼呢？其實很簡單，孝出於情而成於盡其份，再由孝衍生出更多修身與齊家的品德和禮節。中國過去很多家族和家庭，為了弘揚這種價

「家和萬事興」，家庭和睦就能興旺。

值觀，立下「家訓」或家規；每一個祠堂、同鄉會或宗親會，也或多或少傳承和弘揚這一價值觀。

中國人的傳統家訓強調「忠孝傳家」，將兩者放在一起，忠更放在孝的前面，這是因為中國人在齊家之後，有更高的治國平天下的理想，彰顯一個人對社會和國家的忠誠和責任。標榜忠孝傳家是特有的中國傳統觀念。

我們也注意到傳統社會過去曾長時期偏重於「君權」、「父權」和「男權」，即「三綱五倫」的「三綱」之說，極端時甚至變成「愚忠」、「愚孝」，到了今天，這些不合理的觀念和要求都已被揚棄了。

所以要了解中國傳統的倫理觀念，可以從「五倫」說起。

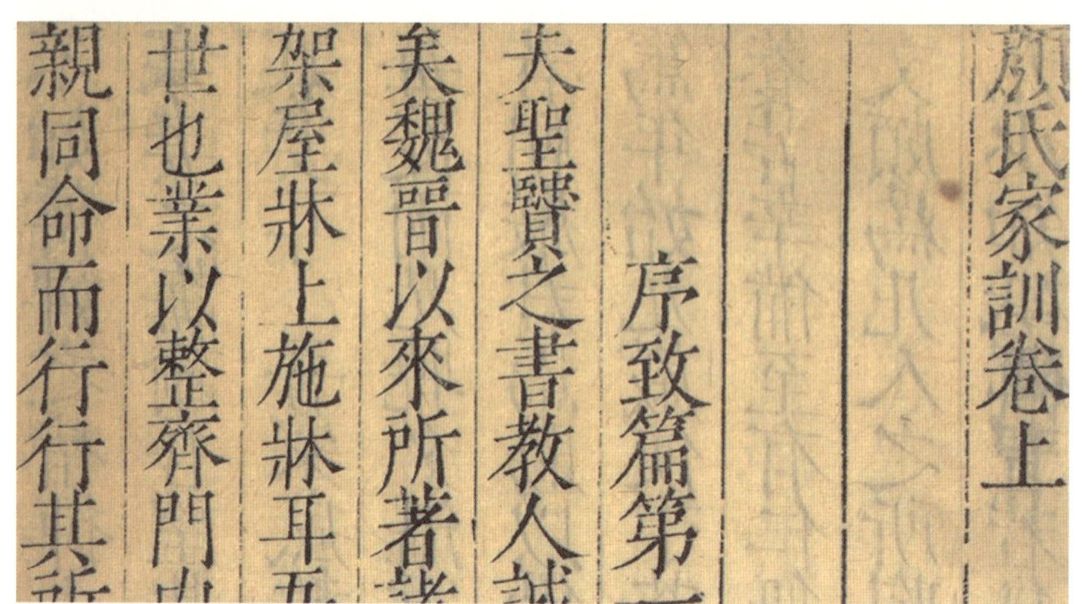

顏氏家訓卷上

序致篇第一

夫聖賢之書教人

美魏晉以來所著

架屋牀上施牀耳

世也業以整齊門

親同命而行行其

《顏氏家訓》是北齊顏之推所撰，內容是教人如何立身處世。

甚麼是「五倫」？

三綱五倫的五倫是指「君臣、父子、兄弟、夫婦、朋友」。父子、兄弟和夫婦都是家人，而古代將君臣列入，是因為當時大家以君主為國家和族群之首，等同是「大家長」，這種倫理觀念我們在下面會再解釋。朋友列於五倫，反映了古人認為朋友在我們的人生中居於一個非常重要的地位。

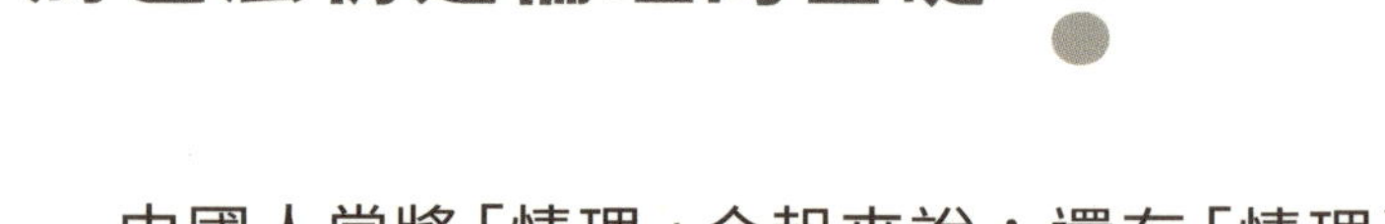

為甚麼情是倫理的基礎？

中國人常將「情理」合起來說，還有「情理法」，其次序是情放在理之前，情理又放在法之前，其意思是將情理作為「客觀」的、冷酷的法的基礎，而「主觀」、溫暖的情，又是理的基礎。

人與人之間有情，就會產生良好的關係，情就是愛，由愛而產生「關愛」，家人的愛和關愛便是親情。

正常的父母都愛自己的兒女，兒女感受到父母的愛，因此也愛父母，於是有「孝敬」之心；所謂「父慈子孝」是自然的感情，是合乎情的倫理。孝之外有「悌」，即兄姊對弟妹的關愛，亦是合乎情的倫理。中國人將這種關愛伸延出去，於是有宗親和鄉親等觀念，一切都是人與人之間的關愛表現。

中國人重視孝，因為孝最能反映一個人的品性和品德，有孝心的人心中是有情的，一定也懂得感恩和愛其他人，這是一個人「做人」的基礎。古人說：「百行孝為先」，就是這個道理。反過來說，不孝是不合情的，也不合理，反映出這個人沒有品德。在古代，不孝甚至會受到法律的制裁。

我們應常常表達對父母的關愛，如為他們按摩、奉茶等。

甚麼是孝行呢？

中國人認為對父母要恭順和關愛，父母老了要供養和照顧，這些是最基本的，大家都容易理解。

孟子曾說過「不孝有三，無後為大」，強調了「傳宗接代」的責任，那是過去封建和農業社會的反映，今人不一定依從。至於其他兩項不孝，歷來有不同說法，「三」亦可以只是概念性的虛數。但古人在討論何謂不孝時，會包括若父母做錯了事，子女一定要婉言相勸，不能陷父母於不義，這也是盡孝，是做子女的責任。中國人講孝，非常重視「盡責」，子女對父母如此，父母對子女更是如此。

尊敬父母，當然也會尊敬自己的祖先，以及其他的長輩，敬祖和祭祖因此也是孝的表現，本書的第三課和本系列的《節日和習俗》第五課，都已詳細解釋過了。

父母對子女應如何「盡責」

將孩子好好愛護和養育成人，是父母的基本責任，但父母對子女不能只是愛，更不能「溺愛」，養之外一定要「教」和「育」，使兒孫成為有德行、有用的人。在傳統觀念中，做好對兒孫的「家教」是責任，同時是對自己父母盡孝，因為自己和自己的兒孫，都不能有辱家聲；中國人重視家訓和家規，亦由此而起。

孟母三遷

孟子在儒家的地位僅次於孔子，他三歲時父親去世，由母親撫養長大。孟子小時貪玩，他家原在墳地附近，在耳濡目染下，他常玩哭拜的遊戲；孟母認為這樣很不好，便搬家了。在搬到市集附近後，孟子又玩模仿做生意的遊戲；孟母覺得這樣的環境也不好，又把家搬到學堂旁邊。孟子一如以往，模仿著周圍的人和事，跟著老師學習起行禮跪拜等禮節；孟母看見很高興，認為這才是孩子應該學習的，便不再搬家了。

孟母三遷的故事

為甚麼忠和孝會放在一起？

在古代社會，大家尊崇皇帝為「天子」，亦即天之子，那是將天地萬民視為一個大家庭。民是皇帝的「子民」，皇帝要「愛民如子」，當官的是「父母官」；甚至對域外之民，也會說：「四海之內，皆兄弟也」。

因此，有孝德的人也應該「忠君愛國」，忠君的真正意義是忠於國家；一旦遇到要為國效命，未能顧及父母，所謂「忠孝兩難全」，那麼選擇先忠後孝，仍是盡了孝道。

岳飛盡忠報國

大家都聽過岳飛的故事，岳飛母親的家教就教導兒子要有「報國」精神。那時是北宋末年，金兵南侵，岳飛雖欲從軍，但又擔憂母親年邁，難在兵亂中保全。岳母知道後，勉勵岳飛從戎報國，在其背刺上「盡忠報國」四字為訓。此後，岳飛投身軍旅，成為南宋抗金名將。

跟五倫並稱的三綱是甚麼

孔子把君臣、父子、夫婦視為三項最主要的人倫關係。漢代重視儒教，名儒董仲舒和班固提出了三綱之說，稱：「君為臣綱、父為子綱、夫為妻綱」，將三種關係的主位都偏重於前者。

近代學者徐復觀先生經研究，認為董仲舒對三綱的說法，原來是指君臣、夫婦和父子都應各盡其份。然而，在傳統社會中，三綱成了禮法的「教條」，要求臣、子、妻要對君、父、夫「絕對服從」，產生了君權和父權過重、男尊女卑等弊病。不過在近代，平等和人權等觀念冒起，帶有絕對性的三綱之說已經不合時宜。

中國的倫理價值觀有著很多智慧及人性、人情之美，經歷數千年的發展，我們只要將一些不合時宜的東西揚棄，並將敬祖、慈孝、關愛、守份盡責等在生活中實踐，便能以親情和愛心，為自己和家人帶來溫暖與幸福。

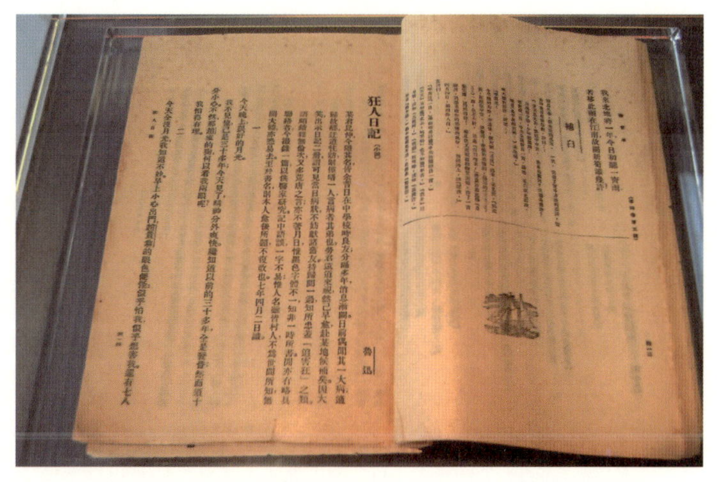
狂人日記

魯迅

魯迅發表在 1918 年 5 月 15 日第四卷第五號《新青年》上的小說《狂人日記》，揭露中國傳統社會裡吃人的禮教的毒害。（圖片來源：維基百科公有領域）

第 6 課

婚姻大事 龍鳳呈祥

中國人說：「男大當婚，女大當嫁」。

大家見到「龍鳳呈祥」這四個字，便知道這是對一對男女結合成為夫妻的祝賀語。中國人以龍配鳳的歷史很悠長，原來可以追溯到3,000 多年前的商朝。時至今日，中國人的婚禮都會出現龍和鳳的飾物，海外的華裔家庭也大多如此。

我們參加家人、親人或朋友的婚禮，又會發現有很多特別的「禮儀」和習俗，例如甚麼「擇日」、「過大禮」、「迎親」、「斟茶」、「交杯」之類，複雜點的還有「查八字」；婚禮之後又有「三朝回門」等。此外，婚禮中的象徵性飾物除了龍和鳳外，有「花球」、「同心結」

龍鳳呈祥圖案，象徵新人如意吉祥。

中國人的婚禮服飾上繡有各種寓意吉祥的紋飾圖案，如龍與鳳。

等。要搞好一場婚禮，會弄得新郎和新娘很忙碌，雙方的家人也很忙碌，但也可一起享受其中的興奮和喜悅。不說不知，原來這些禮儀和習俗，亦是源自先秦的「三書六禮」，據稱這是周初周公的「傑作」。

隨著時代的變遷，三書六禮不斷簡化，到宋朝時大部分人實質上只行三禮、四禮，但我們仍習稱之為三書六禮，並以之代表「正式」

的婚姻。民國之後，我們改以法律程序確定婚姻關係，不過，現在流行的很多婚儀習俗，仍是源自三書六禮。

中國人的婚姻是家族的好事，「好」字就是由「女」和「子」合成的，《禮記》稱「婚禮乃結兩姓之好」，所以不單只是兩個人，而是兩個家族的大事。

在這一課，我們可以從傳統的三書六禮，去了解其內涵和特有的觀念，並將之與現在的婚禮比較。最後也介紹一點少數民族的婚禮習俗。

傳統婚禮的迎親隊，後為大紅花轎。

三書六禮的婚禮制度是怎樣起源的

3,000 多年前的周代初年，開國的武王之弟周公輔政，他為了建立一個有規範的政治和社會秩序，「制禮作樂」，其中最重要的禮制之一，就是婚禮，據稱周公為之制定了三書六禮。不過，這套複雜的禮儀，周代只在貴族間執行，秦、漢時在士大夫、官員間亦開始流行，至唐、宋時才普及民間。

三書六禮究竟是甚麼

三書六禮其實並不複雜，我們將之分為婚禮的三個階段，就容易明白了。

第一個階段是提親訂約，有三禮一書；跟著是準備婚禮，有二禮一書；最後是舉行正式婚禮，有一禮一書。

三書		六禮	
提親訂約	聘書	納采	提親訂約
		問名	
		納吉	
準備婚禮	禮書	納徵	準備婚禮
		請期	
正式婚禮	迎書	親迎	正式婚禮

提親訂約的過程是怎麼樣的?

這一個階段最重要的是由男家致送「聘書」給女家，能送聘書就表示雙方家庭已「說好了」，其子女會結成夫婦，大家成為姻親；但在整個過程中會有三禮。

那麼，這三禮是甚麼呢？那是「納采」（即問媒）、「問名」和「納吉」（即訂約）。

過去的男女彼此沒有甚麼社交活動，若男方心儀某家的女子想娶之為媳婦，可以通過「媒人」帶禮物到女家提親，女家若接受，便是「納采」之禮。

跟著女家要將女子的名字和出生的「時辰八字」交給男方，以便男方將得來的資料「問吉凶」，這是「問名」之禮。

男方在問名得「吉兆」之後，兩家可訂定婚約，由男方遣派媒人致送聘書、禮物予女家，送聘書便是「納吉」之禮。

提親訂約有三禮：問媒、問名和訂約

女子「及笄之年」

古代孩子到了指定年齡，便會行成人禮，男性稱為「冠禮」，定在 20 歲，由父親授「冠」。古代女子 15 歲時開始束髮成髻，以「笄」（即是「簪」，讀音：雞）固定頭髮，達到「及笄之年」，即算是成年可以婚嫁；之後「媒人」可以代男方上門求親。當女子成親後，這個笄便會由丈夫親自解下。

男家在問名得「吉兆」後，便會請媒人送禮到女家，一般是女子衣服首飾之類。

提親訂約在現代是怎樣的呢？

在過去，大戶人家的婚姻多是通過問媒的，但一般家庭卻不一定需要。今日大家是自由戀愛，已不用再問媒；至於那些通過婚姻介紹所找對象的，便是另一回事了。

提親訂約的第二步是「查八字」，在過去這是很普通的習俗，若男女雙方的八字「不配」呈「凶兆」，提親即告終止；現在是自由婚姻，但仍有人會查八字去問姻緣吉凶的。

現在已沒有納吉和聘書了，但準備結婚的男女雙方，仍要依法律去政府相關部門「註冊」，那是兩個人的事；過去的納吉則是家裡的事，要由父母作最後決定。

香港紅棉路婚姻登記處婚禮大堂（香港政府一站通網頁）

紅娘

元代雜劇家王實甫創作的《西廂記》是著名的戲劇，其中有一個角色名紅娘，她本是負責照顧及監視小姐崔鶯鶯的婢女。一次，崔鶯鶯邂逅男子張生，二人一見鍾情，紅娘知道之後，冒著被老夫人責罰的風險，幫助他們會面，最後兩位有情人終成眷屬。後來紅娘被引伸為媒人，指對姻緣起牽線搭橋、撮合婚姻的人。

明閔齊伋繪刻《西廂記》彩圖，跪在地上的是紅娘，兩側分別是張生和崔鶯鶯。（圖片來源：維基百科公有領域）

古代的提親有沒有特別的規限呢

古代由提親到訂婚約的安排，最重要的是強調婚姻是家族的事，要由父母決定，故有所謂「父母之命、媒妁之言」，或有批評為「盲婚啞嫁」。今日中國人重視自由戀愛，在法律上婚姻是一男一女的自

願結合，但仍會重視父母接受與否，若遇到家人強烈反對，也會給婚事造成一定困難。

其次是男女雙方是否「匹配」的問題。除了八字之外，其實還有兩項，一是「同宗不通婚」。從周代開始，古人便相信同姓結婚會對生育下一代造成影響，所謂「同姓不婚，懼不殖也」、「男女同姓，其生不蕃」。雖然同姓不代表必定是同一家族（同宗），但古代還是會避免同姓或同宗通婚。近親通婚會產生不良遺傳基因，今日已經科學證實。

過去的婚姻，亦會講求「門當戶對」，即兩方家庭的社會地位大致相等，或不是過於懸殊，但這並不是絕對的，實際環境存在很大的空間。

回頭再說八字，八字是中國源遠流長表示年、月、日、時的方式，以「干支」為符號。「干」和「支」分別有 10 及 12 個，兩者經一定的組合方式便可搭配成 60 對，成為一個周期，例如干的「甲」和支的「子」配成「甲子」，這是和中國古代的曆法有關。

干	甲	乙	丙	丁	戊	己	庚	辛	壬	癸		
支	子	丑	寅	卯	辰	巳	午	未	申	酉	戌	亥

所謂八字，即是由「年干，年支」、「月干，月支」、「日干，日支」、「時干，時支」，共八個干支所組成，故稱八字。在婚姻中，查八字是指要研究可能成婚的一男一女的八字合不合，主要是十二地支有沒有「相沖」或「相合」，這是古代流傳下來的一種觀念，相信萬

物有「相生相剋」的關係，會由干支等「術數」表達出來。

時干	日干	月干	年干
時支	日支	月支	年支

八字的排列方式

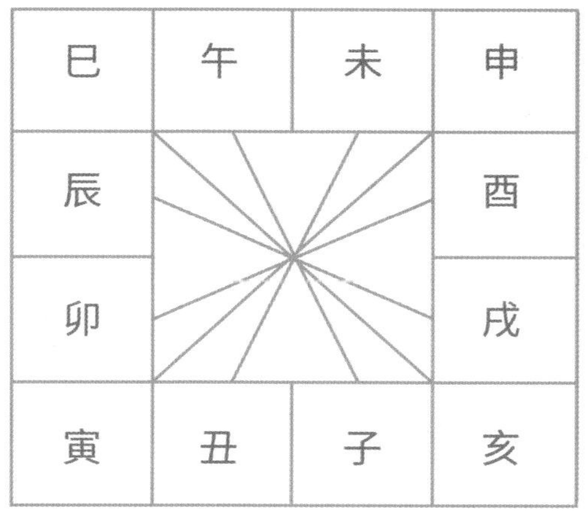

相沖的地支

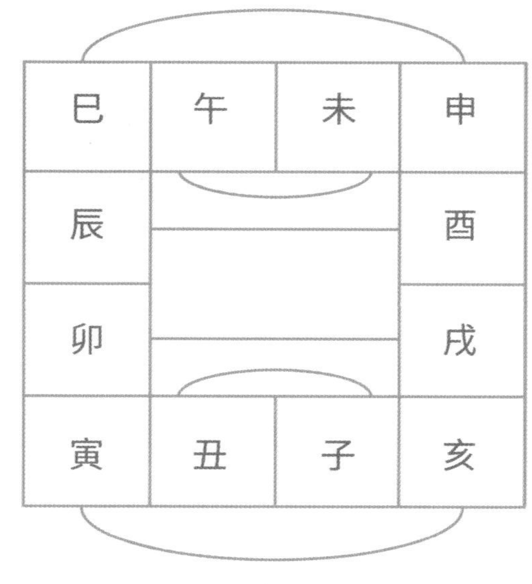

相合的地支

古代還有其他提親方式嗎

除了提親之外，過去另一種「求親」的方式是由女家「招親」。待嫁的女兒一般有很好的條件，父母要找一個他們認為可以匹配的女婿，因此用招親的方式選婿，譬如以詩文比拼找得「才子」，又或如在武俠故事中的「比武招親」。

比武招親是真有其事的。例如在南北朝年間，北周的竇毅為女兒比武招親，當時他在門屏畫了兩隻孔雀，要參加者用弓箭射中才算勝出，其中的李淵（後來的唐朝開國君主）暗中得悉需要射中孔雀的眼睛才算勝出，而他也做到了，遂勝出比試。

比武招親

更有戲劇性的是女方自己武藝高強，自己擺擂台招親，讓男士們挑戰，誰先打贏她便嫁給誰。不過，她看到了自己心儀的男士，也可能會刻意認輸的呢！金庸的武俠小說《射鵰英雄傳》中，亦有穆念慈比武招親的情節，最終由楊康勝出。

三書六禮對準備婚禮又有何要求呢

準備婚禮是第二個階段，有二禮一書。

男女雙方訂好婚約後，男家要送「禮金」和「禮品」予女家，以示誠意並確立婚約，同時選擇「吉日」舉行婚禮。前者是「納徵」（聘禮），俗稱「過大禮」和「過文定」，也是「完聘」之禮。後者的正式名稱是「請期」，由男方擇日，雙方同意決定婚禮日期，也是禮的一種。

男家派人帶備聘金、聘禮到女家，叫納徵之禮。

請期之禮，即擇吉日。

文定

周武王父親周文王的婚禮，是文獻中可見最早的婚禮。相傳文王是經過「定親」迎娶太姒，故定親稱文定。

過去男方在過大禮時，會詳列送禮的「禮單」給女家，這就是禮書。過文定之後，相關男子和女子的配偶身份就算是確定了。

今日中國人的婚姻，仍非常重視過文定，因為那是完聘的程序，女家一般亦會回禮。至於擇日與否，則因人而異。

古代正式婚禮的過程是怎樣的呢 

第三個階段是舉行正式婚禮儀式。新郎在吉日當天，要親自前往女家「迎娶」新娘，這是「親迎」之禮，迎親時要致送「迎書」予新娘。

親迎之禮

今日中國人的婚禮，一般仍緊守「親迎」的禮儀，「迎書」則沒有了，雙方在婚禮中依法律進行誓言，交換婚戒，最後簽署婚書。

親迎之禮是有重要的象徵意義的。在傳統的婚禮儀式中，還有很多習俗，如所用物品中的龍鳳配、雁鳥、花球、同心結、花燭、衣飾等，都是有意思的。此外，迎親的安排、婚禮中的拜堂、敬茶、交杯等，都是重要的環節。今日中國人的婚禮仍保留了這些習俗。

在婚禮那天的最後一個環節，是「成親」。宋洪邁有一首詩，描述人生四大喜事：「久旱逢甘霖，他鄉遇故知；洞房花燭夜，金榜題名時」，其中「洞房花燭夜」就是指成親。新郎新娘拜完堂之後，便會進入新房，房內佈置有各種吉祥喜慶的用具和飾品，如龍鳳燭、雙囍字等；新郎在房內掀起新娘的蓋頭，並同飲合巹酒，之後同衾共寢，成為夫婦。

親迎的意義是甚麼？安排上有甚麼特色？

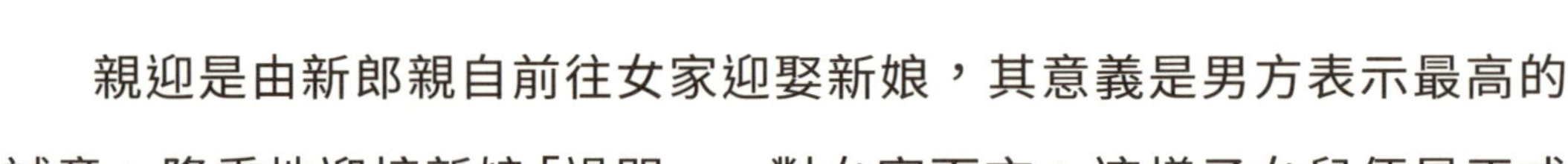

親迎是由新郎親自前往女家迎娶新娘，其意義是男方表示最高的誠意，隆重地迎接新娘「過門」。對女家而言，這樣子女兒便是正式

龍鳳燭

嫁「出去」了，新娘到男家是「入門」，之後冠以夫姓，成為男家的一份子。女子入男家門，美稱為「之子于歸」。

古代貴族用馬車迎娶新娘，流傳下來，婚禮中會看到「幸有香車迎淑女」的對聯用語。後來馬車不流行了，人們用「大紅花轎」迎親。隨著時代變遷，大家今日又回復用車了。

「之子于歸」

今日中國人結婚，男家的門楣仍常擺設有「之子于歸」的橫聯，其句出於《詩經．周南》。將桃花的盛開及果實纍纍比喻新娘的美及子嗣興旺；女子出嫁後，與夫家和睦相處，幸福美滿。

《桃夭》

桃之夭夭，灼灼其華。之子于歸，宜其室家。

桃之夭夭，有蕡其實，之子于歸，宜其家室。

桃之夭夭，其葉蓁蓁，之子于歸，宜其家人。

大紅花轎

大紅花轎是傳統婚禮中使用的特殊轎子，約於宋代年間出現，新郎迎親多騎馬伴隨，有時可乘小轎子跟隨。

女子出嫁坐花轎有「明媒正娶」、元配夫人之意，女子一生只能坐一次。以往夫妻吵架時，妻子會說：「我是大紅花轎抬進門的」，以此來炫耀其地位。

大紅花轎

女子出嫁後，和本來家人的關係有變化嗎

女子出嫁後，其原來的家稱為「娘家」，今天還是一樣的說法。娘家當然也是家。

新婚夫婦舉行了正式的婚禮後，有「三朝回門」之禮，即婚禮完成後第三天，要帶備禮物回女方的娘家拜訪，以示成親不忘娘家，女家當日也會設宴款待新女婿，並將他介紹給親友認識。

三朝回門是古代婚禮的重要活動，今日仍多遵行。對男方而言，女家的父母是「外父」和「外母」，地位崇高，所以又尊稱之為「岳父」、「岳母」，岳父又稱「泰山」，以凸顯其重要的地位。

新娘新郎的衣飾有甚麼特別的地方

婚禮在古代被視為是最重要的禮制之一，當事人可以用極「高級」的衣飾，超越其原來的身份。

新娘的衣飾稱「鳳冠霞帔」，「鳳冠」是古代皇室或貴族婦女戴於頭上的禮冠，「霞帔」則是婦女披於兩肩及胸前而下垂的墜子，一般

「三朝回門」當天，新婚夫婦會帶備乳豬及其他禮品回女方的娘家拜訪。

乘龍快婿

你聽過以「乘龍快婿」來形容才貌雙全的女婿嗎？那是出於一個古代的故事。

漢劉向的《列仙傳》，講述春秋時代秦國君主穆公的幼女弄玉喜歡吹笙，一晚弄玉在吹笙時聽到遠處傳來簫聲相和，一連幾夜如是後便告知父親，穆公知悉後派人尋訪，終在華山尋得蕭史，乃將他帶回宮中。此後，蕭史和弄玉結成夫妻，蕭史教弄玉吹簫學鳳的鳴叫聲，結果弄玉的簫聲把天上的鳳凰引了下來。有日，天上不但來了彩鳳，也來了金龍，弄玉帶著玉笙乘上彩鳳，蕭史帶上玉簫跨上金龍，龍鳳雙飛，升空而去。人們便稱蕭史為乘龍快婿，後來用於讚美別人的女婿。

蕭史和弄玉的故事

而言民間是不可隨便使用的，只能在女子出嫁時才可使用。新娘在婚禮中亦會戴上「龍鳳鐲」的金器。

有諺語稱「新婚勝如小登科，披紅戴花煞似狀元郎」，所謂「小登科」，即與科舉中第的「大登科」相對的大喜事，是形容新郎的穿戴。新郎在婚禮會穿紅袍、戴官帽，裝束就像在科舉中第一樣，也是平日不會穿著的隆重服飾。

明代皇后穿戴的鳳冠霞帔，華麗氣派。（圖片來源：維基百科公有領域）

雁鳥、花球和同心結是甚麼？

雁是候鳥，定時南來北往，不失時不失節，代表「陰陽往來」和「守諾守信」。此外，文學中也會見到「木雁傳情」的說法。因此，婚禮中男方送贈女方的禮品常有木刻的「雁」，擺設中也會有雁。今日在韓國的婚禮中，亦有這種習俗。

花球是婚禮中新人同執紅色綢巾，中間結一花球，象徵二人同心同德。

同心結是由新婚夫婦各剪下一綹頭髮，再織成「同心結」，以喻永結同心，所以元配夫婦又稱為「結髮夫妻」。

這些習俗，今日還是流行的，只是具體形式則各有差異。

同心結

拜堂、敬茶和交杯又是甚麼呢？

在古代，成親最重要的儀式便是「拜堂」，分別有「三拜」，即拜天地、拜父母和夫妻交拜。

拜堂儀式完成後，新人會向長輩及兄長等敬茶，俗稱「斟茶」。

交杯的禮儀原來的做法是「合巹交杯」。「巹」（音緊）是盛酒器，將「匏」（音刨，葫蘆的一種）一分為二即為巹，婚禮中以絲帶將兩巹的柄連繫起來，二人互相敬酒，有「合體」之意，到宋代演變成為「交杯酒」。今華人婚禮也有交杯的禮儀，但只用一般的酒杯。

向長輩及兄長等敬茶

能介紹少數民族的婚姻嗎

大部分少數民族因漢化的關係，婚禮和漢族的都有相同之處，只是禮儀一般較為簡化，亦各有自己的民族習慣和色彩。

西北源自中亞遊牧民族的婚俗和漢族的不同，其過程不會太繁複，但也是隆重及歡樂的大事。

彝族傳統婚禮上的舞蹈

在西南偏遠山區的少數民族如納西、傣族等充滿當地的地區色彩，而在納西族的摩梭人尚有母系社會遺風，最為特別。族中的成年子女不會組織獨立的家庭生活，仍是跟著母親，留在多代共住的居所，女人生下的小孩亦是一同撫養。

摩梭族中，女性屆滿 13 歲便行成人禮（稱「裙」禮），儀式將給予她一間專屬的睡房，稱為「花房」，她可以自由邀請、接待或拒絕任何男性追求者來訪；若雙方情投意合，一般會公開昭告喜訊，進行一定的儀式後，男方可公開探訪他的愛人，族人也會假定這段關係是固定和排除第三者的。

在少數民族的婚禮中，不論儀式是否相同，絕大多數都會出現龍鳳配的飾物，祝願新人龍鳳呈祥，是中國人婚姻文化的最大特色。

西藏傳統婚禮的服飾與漢族的不同

摩梭族的居所

婚姻是男和女的結合，由此組成家庭，中外如是，古今如是。婚姻不論採取何種形式，其意義和重要性都是一樣的。夫妻親愛相睦，是人類繁衍的起點，也是每個人心靈依歸的所在，以及親情倫理和家庭幸福的基礎。

照片提供：Shutterstock、滙圖網

主編　陸人龍
設計　黃詠詩
插畫　陳秀花

叢書　認識中國
書名　家庭和家族文化
作者　陸人龍、劉健宇
出版　三聯書店（香港）有限公司
香港北角英皇道 499 號北角工業大廈 20 樓
20/F., North Point Industrial Building,
499 King's Road, Hong Kong
印刷　美雅印刷製本有限公司
香港九龍觀塘榮業街 6 號 4 樓 A 座
發行　香港聯合書刊物流有限公司
香港新界荃灣德士古道 220-248 號 16 樓
版次　2025 年 2 月第 1 版第 1 次印刷
規格　16 開（170 毫米 x 230 毫米）100 面
國際書號　ISBN 978-962-04-4756-3